L'IMMIGRATION FRANÇAISE

A

MADAGASCAR

PAR

L.-ERNEST ALLARD

DE LA SOCIÉTÉ DES GENS DE LETTRES

Prix : UN Franc

PARIS

AUGUSTIN CHALLAMEL, Éditeur

LIBRAIRIE COLONIALE

5, RUE JACOB, ET RUE FURSTENBERG, 2

—

1895

L'IMMIGRATION FRANÇAISE

A

MADAGASCAR

L'IMMIGRATION FRANÇAISE

A

MADAGASCAR

PAR

L.-ERNEST ALLARD

DE LA SOCIÉTÉ DES GENS DE LETTRES

PARIS

AUGUSTIN CHALLAMEL, ÉDITEUR

LIBRAIRIE COLONIALE

5, RUE JACOB, ET RUE FURSTENBERG, 2

1895

L'IMMIGRATION FRANÇAISE

A

MADAGASCAR

———

Je prie ceux d'entre mes compatriotes qui s'intéressent à la chose publique et prennent part à son gouvernement de prêter quelque attention à cet écrit. Ce n'est point pour répéter ce qui a été dit par beaucoup déjà, ni pour exposer des théories impraticables que je prends la parole: j'ai à dire des choses simples, naturellement déduites de la situation, et sur lesquelles j'ai médité en vue du bien public.

J'irai droit au but; cependant, je n'éviterai pas d'émettre les réflexions de philosophie politique utiles à mon sujet.

La France, à peu près remise de la longue panique qui a suivi la guerre de 1870, reprend conscience de sa force, et les hommes avisés qui la dirigent commencent à sentir la nécessité de pousser cette force dans le sens de ses vraies destinées, en même temps que de détourner les esprits des passions dangereuses qui la travaillent, la divisent et tendent à la ruiner.

Tout en étant un des pays les plus prospères, la France n'en éprouve pas moins une gêne sérieuse dans sa vie économique, par le fait de sa dette publique devenue monstrueuse. D'autre part, la cherté de la vie, qui en partie en est la conséquence, et le développement des besoins de bien-être, ont porté à l'extrême l'envie naturelle de ceux qui ne vivent que du travail de leurs bras contre ceux qui jouissent d'une meilleure fortune. La question sociale, qui puise ses revendications à deux sources, un sentiment aveugle d'égalité, et le légitime désir d'être heureux matériellement, menace la prospérité publique en aspirant à supprimer la liberté même du travail et des transactions, à supprimer la richesse individuelle, alors que, sans la libre richesse, il ne saurait y avoir dans un État de travail qu'en très faible proportion pour ceux qui ne s'appliquent pas immédiatement à celui de la terre. La richesse particulière, acquise honnêtement dans le mouvement du commerce, de l'industrie, des affaires, est une réserve naturelle qui précisément porte partout la vie avec le travail jusque parmi les plus déshérités. Et vouloir arbitrairement confisquer cette réserve, en tarir brutalement les sources, est poursuivre la plus dangereuse des chimères. Qui ne sent que tout le génie d'une nation s'éteindrait le jour où la libre et énergique initiative de chacun serait paralysée par la confiscation des richesses particulières et la suppression même de la concurrence vitale.

Un ordre social qui repose sur la libre concurrence des activités, sous la surveillance de la loi protégeant et garantissant la loyauté des transactions, est le vrai, parce qu'il se produit tout seul, naturellement ; et la plus grande des erreurs serait de lui en vouloir substituer un autre où tous seraient, non plus protégés et garantis par tous, mais asservis à tous, dépouillés par tous, au profit de la plus inféconde et de la moins juste égalité.

Ceci posé, je pense avec tous ceux qui pensent que ce n'est pas en se dévorant elle-même dans ses réserves de richesse que la société trouvera le joint de la question sociale, mais, au contraire, en s'ingéniant à diminuer le nombre de ceux qui n'ont pas, et à agrandir celui de ceux qui possèdent et gagnent, enfin à accroître encore et toujours ses richesses, ses réserves, à multiplier à l'infini les transactions du commerce, de l'industrie, du travail.

Parmi les partisans de la réforme sociale, certains voudraient que l'ouvrier ne travaillât qu'un nombre d'heures restreint, afin qu'il y eût du travail pour un plus grand nombre d'ouvriers : alors c'est qu'il y aurait trop de travailleurs, trop d'ouvriers, et pourquoi cela ? — La principale cause, et fort grave, est celle-ci chez nous : presque tous les paysans qui, sur un bien paternel insuffisant, ne trouvent pas à se nourrir, émigrent sur les villes déjà encombrées pour la plupart.

Des hommes qui savent travailler la terre, qui sont robustes, faits à l'activité du plein air, viennent se fondre dans ces fournaises des cités, en aggraver la misère souvent, et y disputer à ceux qui y sont déjà ce pain qu'ils savent admirablement faire pousser et que leur maigre héritage ne peut plus leur donner.

Dans les sociétés antiques civilisées, on essaimait comme les abeilles essaiment, avec méthode, et l'on fondait des colonies toujours prospères. Quand un pays était conquis, on s'en assurait la possession par l'implantation d'une colonie, la transplantation immédiate d'une partie du peuple conquérant sur le sol nouveau, sous la protection de ses armes. Plusieurs des peuples modernes ont fait à peu près de même avec plus ou moins de succès, selon que s'y prêtaient leur tempérament, leurs mœurs, leurs lois.

Les Français de nos jours, qui semblent le peuple le moins politique qu'on puisse imaginer. conquièrent des territoires et fondent des colonies presque en amateurs, s'en remettant à la seule initiative privée, dès longtemps reconnue impuissante, pour peupler et exploiter les nouveaux territoires, et même les laissent peupler par des étrangers, des rivaux, des ennemis ! La moitié des colons d'Algérie sont des étrangers. C'est ce qui a donné quelque semblant de droit à nombre d'écrivains de prétendre que nous n'étions pas aptes à coloniser et que c'était une faute d'acquérir, au prix de notre sang et de notre or, des terres lointaines dont les charges étaient pour nous et le profit pour d'autres.

Il n'est pas difficile de démontrer l'erreur et de faire en sorte que nos colonies se peuplent rapidement de Français et deviennent des sources infinies de bien-être, de richesse pour la France elle-même. Pour cela, il faut simplement que nos hommes d'État agissent... en hommes d'État ! et, quand ils font une expédition pour la conquête d'une terre nouvelle, à la suite d'une armée de soldats, immédiatement y envoient une armée de travailleurs ; pour cela, il ne faut pas que le nom de l'Angleterre résonne constamment aux oreilles pour paralyser l'élan national et nous empêcher de tirer le fruit légitime de nos efforts, alors que jamais nous ne paralysons ceux des Anglais dans ces immensités de territoires dont ils se sont déclarés les souverains seigneurs ; il ne faut pas que la France aille planter son drapeau à Madagascar pour y regarder tranquillement nos rivaux y faire leurs affaires au détriment de nos nationaux. En effet, le rôle de tireurs de marrons du feu est aussi naïf que désastreux. Nous sommes quarante millions, nous regorgeons de soldats et d'armes, et nous n'osons allonger brutalement la griffe en disant : Ceci est à moi, et nul n'y mettra les pieds que moi !

Cette appréhension de l'Angleterre, si savamment

entretenue par eux dans nos chancelleries, nous a
fait commettre ce crime sans nom de lui aban-
donner l'Égypte, qui était quasiment une colonie
française, où tout se faisait par des Français, où nos
produits manufacturés avaient un écoulement énorme
et, enfin, qui est la route même de nos plus impor-
tantes possessions coloniales ; et quand l'impérieuse
nécessité de neutraliser l'Égypte se fera sentir, et
c'est fatal, quelle crise! crise dont la responsabilité
pèsera sur tous ceux qui ont faibli quand il fallait se
raidir, et qui, chargés de veiller aux intérêts de la
France, ne savaient pas que l'Égypte était française.

Ils ne savaient pas non plus que Madagascar était
à la France, et ils abandonnaient cette île immense,
cette splendide possession à la libre hypnotisation
de l'Angleterre; on nous y insultait, on nous y para-
lysait, on nous y décourageait de toutes façons, et
des territoires grands comme de nos départements
les plus belles terres, ont été donnés exprès par les
Hovas à des étrangers.

Le bon sens, le sens national, dit ceci : Il faut
que l'expédition ait pour but la prise de possession absolue de l'île entière, comme nous avons fait
pour l'Algérie, et mieux encore, plus radicalement;
l'implantation dans toutes les bonnes terres disponi-
bles, ou reconnues telles, de colons français, *uniquement* français, et le privilège assuré à nos produits
manufacturés et autres, par des droits, forts jusqu'à

la prohibition, imposés à tous les produits des autres nationalités ; — vous n'avez pas craint de le faire ici pour l'introduction des blés, et le lendemain même de l'accord franco-russe, — et cela jusqu'à ce que Madagascar soit une France orientale. Autrement, moi aussi je dirai : Qu'allons-nous faire par là?

Pour avoir des colons, les mesures sont bien simples, et les voici :

Décrétez — ceci encouragera nos paysans à faire des enfants : ils s'en abstiennent, — décrétez que tout troisième fils d'agriculteur français aura droit à un domaine de tant d'hectares à Madagascar, son service militaire fait, et vous ramasserez d'un coup la majeure partie des hommes qui émigrent annuellement soit vers l'Amérique, soit vers nos villes.

Décrétez que tout homme qui aura fait un service de tant d'années dans l'armée coloniale aura droit à un domaine suffisant pour le faire vivre, lui et sa famille.

Décrétez que tout militaire gradé qui voudra prendre sa retraite aux colonies y aura de droit un domaine, à la condition expresse qu'il y réside et le fasse valoir lui-même.

Les avantages de ces décrets seront ceux-ci :

Premièrement, vous aurez des colons en nombre, la plupart nés aux champs et experts aux travaux de la terre ;

Deuxièmement, comme ils auront été militaires, ils sauront garder et défendre leurs possessions, et, comme ils auront vécu dans la discipline, ils se conduiront sérieusement ; et, enfin, ils seront sains et vigoureux.

Et, comme tous ces gens seront Français, ils achèteront tout naturellement les produits manufacturés français et resteront en communication constante d'échanges avec la mère-patrie. Et vous voyez d'ici tout ce mouvement de richesses nouvelles, et toute cette multitude d'hommes qui n'avaient rien, qui n'étaient rien, dont partie rêvaient la destruction de l'ordre social, et qui deviennent possesseurs de biens solides, et y prennent cette consistance morale que la terre donne à celui qui la possède et la féconde.

On vous a reproché, et non sans raison apparente, de conquérir des colonies pour y faire vivre seulement des armées de fonctionnaires ; faites voir, enfin, que c'est pour y faire vivre des armées de travailleurs, pour agrandir réellement la France et la main tenir de front avec les autres grandes races qui se sont partagé le globe... et qui, elles, le peuplent de leurs nationaux.

Je n'imagine pas que nous allions à Madagascar à si grands frais pour humilier simplement les Hovas et faire la police des Malgaches ; il ne s'agit ni d'orgueil, ni de donquichottisme, ni d'attendre naïvement que nos paysans que le chétif domaine patrimonial, par son extrême division, ne peut plus nourrir, fassent la dépense d'un si grand voyage et d'un établissement incertain, inconnu.

Une telle expédition, dont le résultat pratique serait uniquement la protection matérielle de nos négociants, abandonnés sans privilège, comme en Cochinchine, à la concurrence des négociants étrangers mieux fournis de marchandises de pacotille, une telle expédition serait une aventure aussi profitante au fond que les expéditions de Crimée, d'Italie, de Chine, du Mexique, etc., et un peuple qui passe sa vie et emploie ses ressources à de telles aventures est un peuple prodigue que la destinée, à la longue, met en interdit : Rien pour rien ! rien sans but positif, et le gain proportionné à l'effort, aux sacrifices :

Le noble souverain du grand empire ami, qui vient de mourir, disait ; « *La conservation de la France importe à l'Humanité.* » On peut ajouter : L'agrandissement de la France importe à sa conservation. — Qui ne voit qu'elle est menacée de disparaître quelque jour sous l'écrasante prépondérance des deux races entre lesquelles elle est prise, la race germanique et la race anglo-saxonne, plus prolifiques qu'elle dans ce siècle.

Le devoir de la France est de se jeter au dehors pour échapper aux fièvres sociales qui la minent, est de poser partout où elle peut, où elle a droit, les bases de sa grandeur future, de se reviriliser dans ces grands travaux de colonisation, d'ouvrir à tous ses déshérités, ses ambitieux, des perspectives heureuses, fécondes, de pousser toutes les activités superflues, inquiètes, de ses enfants là où elles seront sainement, fructueusement satisfaites, et au plus grand profit de la mère-patrie.

Mais, encore une fois, et c'est le cri que nous voulions jeter : que le laboureur et le soldat ne fassent qu'un, que l'un bataille pour implanter l'autre, et que tout se fasse largement, puissamment, au grand jour, nationalement. Pas de spéculations particulières, pas de concessions soupçonnées de pot-de-vinisme, pas d'entreprises à privilège où l'étranger se puisse glisser, ou qui, n'enrichissant que quelques habiles, déconcertent l'attente publique et, à la longue, tuent tous les enthousiasmes et forcent la France à douter d'elle-même, à se croire impuissante.

En implantant des cultivateurs français dans les terres coloniales, il y aurait dans la loi qui garantit la propriété quelques réformes à faire. En France, l'extrême division du sol, que l'égalité de partage entre tous les fils du propriétaire entraîne, est une cause très grave de ruine ou d'appauvrissement. On se débat longtemps, courageusement, sur un bien chétif et, finalement, il devient la proie des usuriers, ou il est mis en vente. Ceux qui ont de l'argent rassemblent les parcelles vendues et reconstituent un nouveau domaine de famille, qui s'émiettera encore à la suivante génération.

L'inaliénabilité autant que possible, et surtout l'indivisibilité du domaine colonial concédé devraient être décrétées, et, si sa cession avait à se produire par la force supérieure des circonstances, cela ne

devrait se pouvoir exécuter que sous la surveillance
et avec l'autorisation de l'Etat. Il faut relever, il faut
élever, consolider la condition du cultivateur ; la vie
des champs, quand elle est largement rémunératrice,
est la plus saine, tant au moral qu'au physique, la
plus heureuse peut-être ; et ceux qui ont quelque peu
pratiqué les paysans — je ne parle pas des paysans
suburbains — savent très bien qu'en général l'esprit
de l'homme de campagne est excellent et son bon sens
parfait ; certaines vertus positives et des plus précieu
ses, certaines forces de fond, se produisent chez les
terriens, sans culture, par le fait même de la pratique
de la vie des champs.

La vie des villes, au contraire, enfièvre, amollit,
démoralise trop souvent ; on y est inquiet, avide de
jouissances, accablé de maux et de soucis, rarement
content, et plus rarement encore heureux.

Les villes devraient être savamment réduites à leur
stricte mesure. Tout sort de la terre, et les hommes
et les aliments ; la vraie force d'un Etat repose sur la
population des champs, et la meilleure politique est
celle qui a souci de cette population et détourne habi-
lement son surcroît sur les colonies nationales.

On a dit que la France était en décadence ; c'est
encore une erreur : Jamais la France n'a été plus
vivante ni plus riche de sèves et d'activités de toutes
sortes; elle a manqué de direction puissante, c'est
tout, d'idéalisation aussi peut-être, ou de règle plutôt,
d'impulsion supérieure dans le travail de progressive

idéalisation qui n'a jamais cessé de s'accomplir en son âme et qui est son génie propre, sa plus belle gloire. Mais la race est bonne quand même, ce n'est pas elle qui laisserait pleurer et mourir de faim, une sœur, une Irlande, pendant des siècles. Elle est sociable, sympathique toujours, même à ceux qui la jalousent le plus hostilement; elle peut conquérir, essaimer: partout où elle ira, où elle se multipliera, ses généreuses qualités la suivront pour le meilleur profit de l'humanité.

L.-Ernest Allard.

Décembre 1894.